FERNANDO OBRADORS

CANCIONES CLÁSICAS ESPAÑOLAS

VOLUMEN I

UNION MUSICAL EDICIONES

Los textos de estas «Canciones Clásicas Españolas», verdaderas joyas de la lírica castellana, han sido escogidos entre lo mejor de las colecciones Rivadeneyra, Lafuente, Valera, el Códice autógrafo de Juan Ponce, descubierto y comentado por Barbieri, y varios otros documentos existentes en las Bibliotecas Nacional y del Ayuntamiento de Madrid.

Algunos de ellos antiquísimos, tales como la trova «La mi sola Laureola» y «Con amores, la mi madre», fueron escritos para ser trovados ante los reyes y demás notables de la época. Anchieta compuso este último, y valiéndose de la poética vihuela lo ejecutó para el augusto recreo de S. M. la Reina Isabel I, la Católica.

FERNANDO J. OBRADORS.

A Felipe Pedrell.

La mi sola, Laureola...

Canciones clásicas españolas.

Juan Ponce
(Siglo XVI)

FERNANDO J. OBRADORS

1.

Lento

Yo el cauti_vo Le_ria_no Aun_que mucho estoyu_fa_no

he_ri_do de a_que_lla ma_nò que en el mun_do es u_na so_la

La mi sola, Laureola

La mi sola, sola, sola.

Yo el cautivo Leriano

Aun que mucho estoy ufano

Herido de aquella mano

Que en el mundo es una sola.

La mi sola Laureola

La mi sola, sola, sola.

Juan Ponce.(Siglo XVI)

Nota.-La letra de esta canción figura en el codice de Juan de la Encina coleccionado y hallado por Barbieri.

A Conrado del Campo

Al Amor
Canciones clásicas españolas

Cristóbal de Castillejo
(Siglo XVII)

FERNANDO J. OBRADORS

2.

Da_meA_mor be _ sos sin cuen _ to _____ A _ si _ do de mis ca _ be _ llos _____ y mil y cien_to tras e _ llos _____ y tras e _ llos mil y

6

cien_to _____ y despues _____ de mu_chos mi_lla_res

¡tres!

y porque nadie lo
sien — ta
des _ ba _ ra _ te _ mos la cuen _ ta
y con _ te _ mos al re _ vés

Dame Amor besos sin cuento
Asido de mis cabellos
Y mil y ciento tras ellos
y tras ellos mil y ciento
y despues.....
de muchos millares ¡tres!
y porque nadie lo sienta
desbaratemos la cuenta
y..... contemos al revés.

Cristóbal de Castillejo (Siglo XVII)

A Mme Susan Metcalfe Casals.

¿Corazón porqué pasais....

Canciones clásicas españolas

Autor anónimo.
(Siglo XVII)

FERNANDO J. OBRADORS

3.

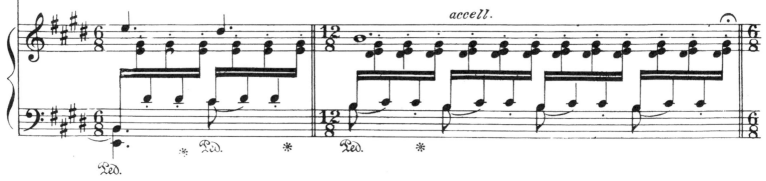

Si vues_tro due_ño des _ can _ sa_____

En los bra _ zos deotro due _ ño?_____

¡Ah! _____ ¡Ah! _____

pp

staccatto.

sec *sec*

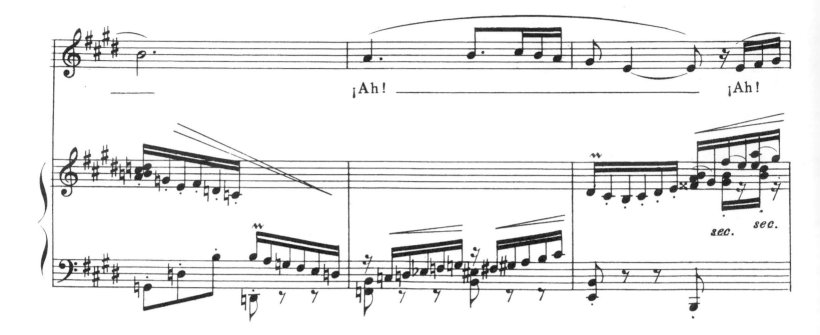

¡Ah! ———————————————— ¡Ah!

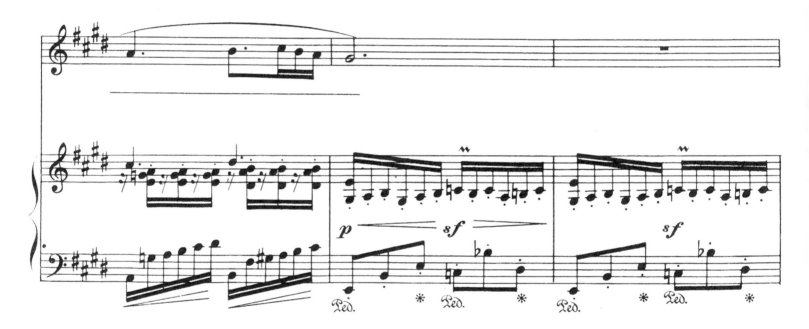

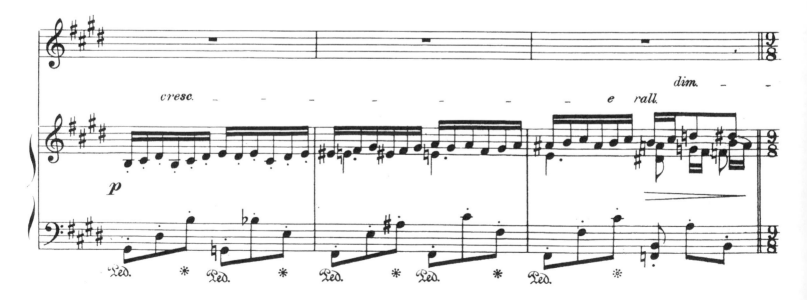

¿Corazón porque pasais
Las noches de amor despierto
Si vuestro dueno descansa
En los brazos de otro dueño?

Autor Anónimo.(Siglo XVII).

A Mme. Aga Lahowska.

El majo celoso

Canciones clásicas españolas
Tonadilla.

Autor anónimo.
(Siglo XVIII)

FERNANDO J. OBRADORS.

4.

CANTO

PIANO

Del ma _ jo   que mee _ na _ mo _ ra_____
Le han di _ cho   queen la Pra _ de _ ra_____

He a _ pren _ di _ do la que _ ja_____
me han vis _ to con un chis _ pe _ ro_____

Del ma _ jo que mee _ na _ mo _ ra_____
Le han di _ cho queen la Pra _ de _ ra_____

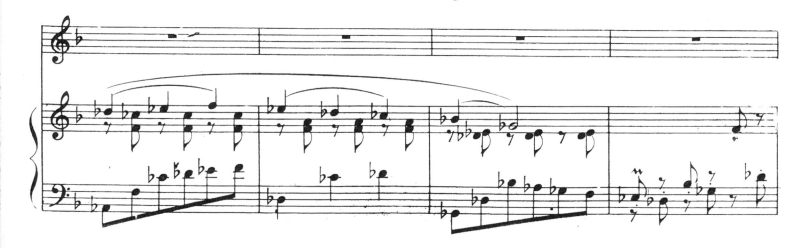

He a _ pren _ di _ do la que _ ja _
me han vis _ to con un chis _ pe _ ro _

que u _ na y mil ve _ ces sus _ pi _ ra _
de _ sos de ma _ lla de se _ da _

poco   a   poco   rall.   a tempo

no _ che tras no _ che en mi re _ ja _ Lin _
y chu _ pa de ter _ cio _ pe _ lo _ Ma _

poco   a   poco   rall.   a tempo

Menos

de_zas me mue_ro de a_mor lo _ co y fie _ ro qui _ sie_ra ol _ vi _dar_te mas
je_zas te quie_ro no cre_as que mue_ro de a_mo_res per_di _da por

Tempo I.

quie_ro y no pue_do
e se chis pe ro

seco
ff

Del majo que me enamora
he aprendido la queja
que una y mil veces suspira
noche tras noche en mi reja:
  Lindezas, me muero
  de amor loco y fiero
  ¡quisiera olvidarte
  mas quiero y no puedo!

Le han dicho què en la Pradera
me han visto con un chispero
desos de malla de seda
y *chupa* de terciopelo
  Majezas, te quiero
  no creas que muero
  de amores perdida
  por ese chispero.

Al Excmo. Sr. Duque de Tovar.

Con amores, la mi madre...

Canciones clásicas españolas.

Juan Anchieta.
(Siglo XV.)

FERNANDO J. OBRADORS.

5.

La fe con que le ser _ vi _____ Con a _ mo _

res la mi ma _ dre Con a _ mo _ res me dor _

mí! _____ un poco accell. _ _

rall. _ _ _ _

Ped. *

Al gran pintor Nestor

Dos cantares populares

Canciones clásicas españolas.

FERNANDO J. OBRADORS.

6.

za _ da _____ he de ha _ cer u _ na ca _

de _ na _____ pa _ ra tra _ er _ te a mi

la _ do

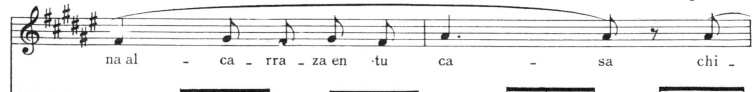

na al _ ca _ rra _ za en tu ca _ sa chi _

qui - lla, qui - sie - ra ser _____ pa -

ra be - sar - te en la bo - ca, _____ cuan - do

fue _____ ras a be - sar

Ped.   ✻ Ped.

Ah! _____

pressez _____

PPP tres doux

Coplas de Curro Dulce

Canciones clásicas españolas

Letra extraida del
Cancionero Popular.

FERNANDO J. OBRADORS.

7.

Quasi guitarra

Chi _ _ _ _ _ _ qui _ ti _ ta _ la

no _ via _ _ _ _ _ _ _ Chi _ qui

ti _ to _____ el

no _ vio _____

Chi _____ qui _ ti _ ta la

sa _ la _____ y er

dor _ _ _ _ _ mi _ _

to _ rio _____

Graciosamente

A Tempo

por _____ e _ so yo

quie _ ro _____

por _____ e _ so yo

quie _ ro

Chi _ _ _ _ _ qui _ ti _ ta la

ca _ ma _____ y er

mos qui _ te _ ro _____ (boca cerrada